pixi WISSEN



# Sicher im Straßenverkehr

Einfach gut erklärt von Christine Stahr,
mit Bildern von Sebastian Coenen

CARLSEN

# Mit Regeln geht es besser

Für jeden, der auf den Straßen und Wegen unterwegs ist, gelten Regeln. Wenn du zu Fuß gehst, musst du auf andere Dinge achten, als wenn du mit dem Fahrrad oder dem Skateboard fährst. **Halte dich an die Regeln**, denn dann kann dir weniger passieren und du gefährdest auch keine anderen. Für alle **Verkehrsteilnehmer** gilt: **Sei aufmerksam und vorsichtig**.

Lena hat das Klingeln nicht gehört, weil ihre Musik zu laut war. Die Fahrradfahrerin muss mit quietschenden Bremsen anhalten und Lena bekommt einen Riesenschreck.

## Keine Musik auf der Straße

Mit einem MP3-Player kannst du überall Musik hören. Aber **im Straßenverkehr ist das gefährlich**! Unterwegs musst du auf den Verkehr achten, die Musik kann dich davon ablenken. Außerdem übertönt Musik andere Geräusche, Klingeln, Hupen, Motoren oder quietschende Bremsen zum Beispiel. Wenn du die Autos nicht hörst, kannst du ihnen nicht ausweichen. Ist der Autofahrer auch nicht aufmerksam und übersieht dich, passiert leicht ein Unfall.

Je weiter die
Straße entfernt
ist, desto sicherer
bist du.

# Sicher zu Fuß

Als Fußgänger bewegst du dich auf dem **Gehweg**. Dort bleibst du am besten auf der **Innenseite**. Gehe nicht auf der Straße, denn das ist sehr gefährlich.

## Schon gewusst?

**Was musst du tragen, wenn du auf Inlinern oder einem Skateboard unterwegs bist, um dich vor Verletzungen zu schützen?**

a) Knie- und Ellbogenschutz, Handgelenkschoner und einen Helm
b) Gar nichts, das übernimmt mein Schutzengel.
c) So einen Schutzanzug, den Astronauten tragen

Lösung: a)

# Sicher auf Skates und Co.

Wenn du Skateboard oder mit Inlineskates fährst, gelten für dich dieselben Regeln wie für Fußgänger. Du darfst nur auf **Gehwegen**, in **verkehrsberuhigten Bereichen** oder in **Fußgängerzonen** fahren. **Fußgängern musst du ausweichen**. Übe das Fahren so lange in einem Park oder auf dem Schulhof, bis du es gut genug kannst.

In einem **verkehrsberuhigten Bereich** müssen Auto- und Radfahrer im **Schritttempo und besonders vorsichtig fahren**, denn diese Straßen dürfen auch Fußgänger nutzen.

# Sicher über die Straße

Am sichersten überquerst du die Straße an einer **Ampel**. Bei Grün läufst du aber nicht sofort los. Schau erst nach links und rechts, ob wirklich alle Fahrzeuge anhalten.
Ist keine Ampel in der Nähe, dann gehe über einen **Zebrastreifen**. Hier müssen Autos warten, wenn Fußgänger die Straße überqueren wollen. Damit die Autofahrer eindeutig erkennen, dass du hinüber möchtest, bleibst du vor dem Zebrastreifen stehen und schaust ihnen entgegen. Bevor du die Fahrbahn betrittst, guckst du nach links und rechts und prüfst, ob alle Autos angehalten haben. Auf dem Zebrastreifen musst du dein Rad schieben.

Ob die Mädchen über die Straße wollen, kann der Autofahrer nicht erkennen.

Auch bei einer **Mittelinsel** kannst du sicher über die Straße gehen. Auf dem Gehweg schaust du zuerst in die Richtung, aus der die Autos auf dem Fahrstreifen direkt vor dir kommen. Ist dieser frei, überquerst du ihn. Auf der Mittelinsel bleibst du stehen. Jetzt schaust du in die andere Richtung. Wenn von dieser Seite auch kein Auto kommt, gehst du über die andere Hälfte der Straße.

Gibt es in der Nähe weder Ampel noch Zebrastreifen oder Mittelinsel, suchst du dir ein **gerades Stück Straße ohne parkende Autos und andere Hindernisse am Straßenrand**. Hier siehst du ankommende Fahrzeuge am besten und die Autofahrer erkennen dich gut. Bevor du losgehst, schaust du nach links und rechts und wieder nach links. Ist kein Auto in Sicht, überquerst du die Straße auf dem kürzesten Weg. Dabei gehst du schnell, rennst aber nicht!

Achtung! Hier wird es gefährlich. Der Autofahrer kann Lena nicht sehen! Sie sollte sich eine bessere Stelle suchen.

**Zwischen Hindernissen wie parkenden Autos solltest du nicht über die Straße gehen,** denn das ist sehr gefährlich! Mach lieber einen Umweg und suche dir eine freie Stelle. Falls es sich nicht vermeiden lässt, schaust du zuerst genau in die Autos hinein. Vielleicht will gerade jemand ausparken. Da er dich übersehen und einfach losfahren könnte, wartest du, bis er weg ist, oder du suchst dir eine andere Stelle in der Nähe. Dann gehe langsam bis zur **Sichtlinie** vor – das ist die Stelle, an der du zwischen den parkenden Autos die Straße überblicken kannst. Jetzt bleibst du wieder stehen und siehst noch mal genau nach links, nach rechts und wieder nach links. Wenn kein Auto kommt, überquerst du die Straße.

Tim und Lena sind mit ihren **reflektierenden Sachen** von vorn und von hinten gut zu sehen.

# Im Dunkeln unterwegs

Im Dunkeln bist du schlecht zu sehen. Damit dich die Autofahrer auch am Abend oder an trüben Regentagen erkennen, solltest du **helle und bunte Sachen** anziehen. Trage außerdem **Reflexkragen, Westen oder Klackarmbänder**. Sie reflektieren das Licht der Autoscheinwerfer und lassen dich dadurch leuchten.

## Mach dich sichtbar

Probiert mal aus, ob du in der Dämmerung mit hellen und bunten Sachen besser zu sehen bist als mit dunklen. Einer von euch zieht sich dunkel an, einer trägt helle bunte Kleidung, dann vergleicht ihr.

## Unsichtbar im Hellen

Vor einem Hügel kannst du die Autos hinter dem Hügel nicht sehen. Und vor einer Kurve weißt du nicht, welche Fahrzeuge gerade dahinter in deine Richtung brausen. Sei also vorsichtig, wenn du an solchen Stellen die Straße überqueren musst.

In großen Maschinen sitzen die Fahrer zu weit oben, um sehen zu können, ob jemand vor den Rädern steht. Geh solchen Fahrzeugen deshalb aus dem Weg und stell dich auf keinen Fall direkt vor oder hinter sie.

**Crashtests** zeigen, was bei einem Unfall passieren kann. Ohne Sicherheitsgurt würde die Puppe am Steuer durch die Windschutzscheibe fliegen.

# Sicher im Auto

Wenn ihr mit dem Auto fahren wollt, steigst du auf der **Gehwegseite** ein, dort bist du sicherer als auf der Straße. Im Auto kletterst du auf deinen **Kindersitz**. Ihn brauchst du, solange du unter 12 Jahre alt bist und kleiner als 1,50 Meter. Auf dem Sitz **schnallst du dich an**.

Will dich jemand mitnehmen, frag vorher deine Eltern, ob sie das erlauben.

## Mach mit: Blick in die Spiegel

Damit ein Autofahrer weiß, was hinter seinem Wagen passiert, hat er drei Spiegel: die beiden **Seitenspiegel** und den **Rückspiegel**. Setz dich auf den Fahrersitz und bitte deinen Vater oder deine Mutter, den Sitz und die Spiegel für dich passend einzustellen. Dann bitte sie, hinter dem Auto vorbeizulaufen. Beim ersten Mal beobachtest du sie durch die Seitenspiegel, beim zweiten Mal durch den Rückspiegel. Ab einer bestimmten Stelle wirst du sie nicht mehr sehen. Hier beginnt der **tote Winkel**.

Denk auf der Straße daran: Autofahrer sehen nicht alles.

# Sicher auf dem Fahrrad

Ein Rad braucht bestimmte Teile, damit du dich auf ihm sicher im Verkehr bewegen kannst.

Bevor du mit dem Rad lossaust, wirf einen Blick auf Fahrradkette und Reifen: Ist die Fahrradkette straff gespannt? Sind die Reifen gut aufgepumpt und haben sie keine Risse oder Schnitte?
Ab und zu solltest du auch prüfen, ob der Lenker unbeweglich ist, indem du das Vorderrad zwischen die Knie klemmst und am Lenker ruckelst.

Der Helm muss den Hinterkopf, die Stirn und deine Schläfen bedecken.

Beim Fahrradfahren solltest du einen **Helm** tragen. Er darf nicht wackeln und nicht über Augen und Ohren rutschen, damit du beim Fahren gut hören und sehen kannst. Ziehe außerdem feste Schuhe an, denn mit ihnen rutschst du nicht so leicht von den Pedalen ab. Lange, weite Kleidung bleibt leicht in den Speichen hängen. Dann dreht sich plötzlich das Rad mit dem verhedderten Stoff nicht mehr und du fällst hin.

# Los geht's

Kinder unter acht Jahren fahren auf dem Gehweg. Sie müssen auf die Fußgänger Rücksicht nehmen, Abstand vom Bordstein und von parkenden Autos halten. Kinder unter zehn Jahren dürfen noch auf dem Gehweg fahren, müssen aber nicht. Ab zehn Jahren fährst du dann auf dem Radweg oder, wenn keiner da ist, auf der Straße. Das richtige Abbiegen ist wichtig: Willst du auf dem Radweg nach rechts, folgst du dem Weg um die Rechtskurve. Willst du links abbiegen, drehst du dich um und prüfst, ob niemand dicht hinter dir ist. Dann steigst du vom Rad und schiebst es an einer sicheren Stelle über die Straße.

Willst du von der Straße rechts abbiegen, drehst du dich vorher nach rechts um. Wenn du niemandem den Weg abschneidest, streckst du deinen rechten Arm aus und fährst um die Kurve. Auf der Straße links abzubiegen ist schwieriger: Du lässt zuerst andere vorbei, die dicht hinter dir sind. Danach streckst du deinen linken Arm aus, drehst dich noch mal nach links um und fährst am Ende zügig und in einem großen Bogen über die Straße.

Beim Abbiegen hältst du an, wenn ein Fußgänger vor dir die Straße überqueren will.

# Im Schilderwald

An den Straßen stehen viele verschiedene Schilder. Einige davon solltest du kennen.

**Schon gewusst?**

**Was bedeutet dieses Schild?**

a) Stehen bleiben. Radfahrer und Autofahrer dürfen erst weiterfahren, wenn die Straße frei ist.
b) Nicht weiterfahren, die Straße endet hier.
c) Egal, Schilder sind nur für Autofahrer interessant.

Lösung: a)

Steht dieses runde Schild mit dem roten Rand an einer Straße, bedeutet das für alle Fahrzeuge: **Einfahrt verboten**. Als Fußgänger solltest du trotzdem in beide Richtungen schauen, bevor du die Straße überquerst, denn vielleicht hat jemand das Schild übersehen.

Wer auf dieser Straße fährt, hat **Vorfahrt**: Autos und Fahrräder, die aus Seitenstraßen auf die Vorfahrtsstraße wollen, müssen warten. Überquere eine Vorfahrtsstraße an einer Ampel oder an einem Zebrastreifen.

Wenn du nach rechts auf eine Vorfahrtsstraße abbiegen willst, können auf der anderen Fahrspur ruhig Autos fahren.

Wenn du mit dem Fahrrad auf eine Vorfahrtsstraße einbiegen willst, musst du anhalten und alle Fahrzeuge auf dieser Straße vorbeilassen: Du musst die **Vorfahrt gewähren**. Ist kein Fahrzeug mehr in Sicht, darfst du losradeln. Lass Autos möglichst zuerst auf die Vorfahrtsstraße einbiegen. Ein Fahrer, der dich vor dem Schild nicht sieht und zufällig im gleichen Moment Gas gibt wie du, könnte dich sonst anfahren.

Wo dieses Schild steht, ist ein **Radweg**. Hier darfst du nicht auf der Straße fahren. Ist der Radweg neben einer Straße, fahre in der Richtung, in der auch die anderen Fahrzeuge unterwegs sind. Zwei Pfeile unter dem Radweg-Schild bedeuten, dass du in beide Richtungen fahren darfst. Radele dann möglichst weit rechts und achte auf entgegenkommende Fahrräder.

## Schon gewusst?

**Wer darf zuerst fahren, wenn kein Schild die Vorfahrt regelt?**

a) Der Stärkere (Regel: Immer drauf)
b) Derjenige, der von rechts kommt (Regel: Rechts vor links)
c) Der Dümmere (Regel: Der Klügere gibt nach)

(Lösung: b)

Ein Weg mit diesem Schild ist ein **Gehweg**, den auch Radfahrer nutzen dürfen. Sie müssen dabei Rücksicht auf die Fußgänger nehmen.

Das dreieckige Schild mit dem roten Rand weist auf eine **besondere Gefahr** hin. Egal, ob auf der weißen Fläche eine Schneeflocke zu sehen ist (Rutschgefahr!) oder etwas anderes – du solltest hier auf jeden Fall langsam und vorsichtig fahren.

Wenn vor einem Bahnübergang ein rotes Licht leuchtet, musst du stehen bleiben, denn dann fährt jeden Moment ein Zug vorbei.

# Ein Unfall!

Wenn du einen Unfall siehst, hole einen **Erwachsenen zu Hilfe**. Ist keiner in der Nähe, rufe die **Polizei** oder die **Feuerwehr** an. Am Telefon sagst du zuerst, **wo** der Unfall passiert ist. Danach erzählst du, **was** passiert ist und **wie viele** Menschen Hilfe brauchen. Vielleicht ist in deiner Nähe eine **Notrufsäule**. Dann drückst du den Hebel und schon bist du mit jemandem verbunden, der dir hilft.

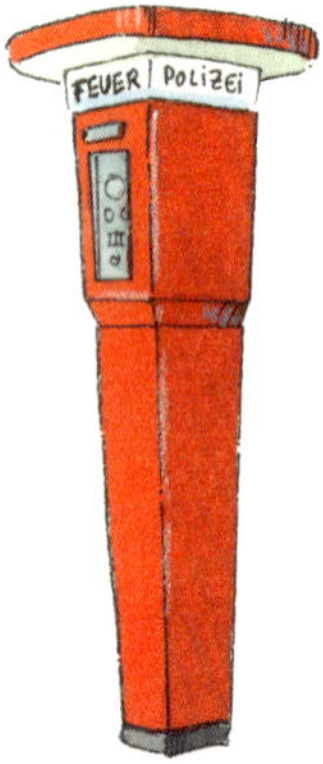


**Notrufnummern**

Diese Nummern anzurufen kostet nichts.

**110 Polizei**
**112 Feuerwehr**
**144 Notruf Österreich/Schweiz**

## Wo bin ich?

Lucy geht zu der Stelle zurück, an der sie ihre Eltern zuletzt gesehen hat. Sie weiß, dass die beiden sie hier suchen werden.

Wenn du dich verläufst, rufe deine Eltern an. Frag in einem Geschäft oder in einem Restaurant, ob du telefonieren darfst. Am besten trägst du immer einen Zettel mit Namen, Anschrift und Telefonnummer bei dir. Wenn du deine Telefonnummer nicht weißt und keinen Zettel bei dir hast, bitte darum, dass die Polizei angerufen wird. Polizisten auf der Straße kannst du auch um Hilfe bitten.

Tim weiß nicht mehr, wo er seine Eltern verloren hat. Er geht zum Ausgang des Parks, denn dort findet er bestimmt Hilfe.

# Pixi Wissen Rätselseite

1. Was läuft hier falsch – wer verhält sich verkehrswidrig?

2. Gefahrzeichen stehen in allen Ländern, sie warnen vor ganz unterschiedlichen Gefahren. Welche dieser Schilder gibt es aber nicht?

3. Manchmal regeln Polizisten den Verkehr. Sie stehen auf der Kreuzung und geben Zeichen, nach denen sich alle richten müssen. Ordne die Ampelfarben den Zeichen zu.

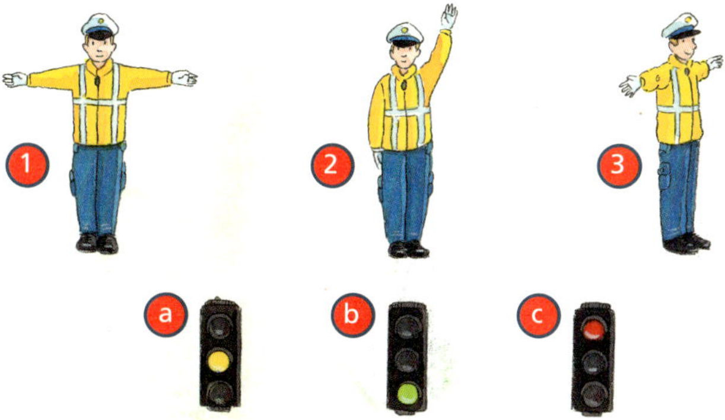


Lösung: 1) a, c, d, e, f, h; 2) a, f; 3) 1c, 2a, 3b

# Pixi Wissen Lexikon

## Crashtest

Wenn neue Autos entwickelt werden, wird in Crashtests geprüft, wie gut sie bremsen können und wie sicher die Fahrgäste bei einem Unfall sind. In dem Testauto sitzen dann Puppen, die sogenannten Dummys.

## Fahrbahn

Fahrzeuge sind auf der Fahrbahn unterwegs. Manche Straßen bestehen aus mehreren Fahrbahnen, dann fahren die Autos auf jeder Fahrbahn in eine andere Richtung. Außer der Fahrbahn oder mehreren Fahrbahnen kann zu einer Straße zum Beispiel noch ein Radweg gehören.

## Fahrradprüfung

In der vierten Klasse gibt es eine Fahrradprüfung. Vorher lernst du in der Schule, wie du dich als Fahrradfahrer im Straßenverkehr verhalten musst. Die Prüfung zeigt dir, wie sicher du dich als Radfahrer auf der Straße bewegen kannst. Auch wenn du die Prüfung bestehst, wird es aber Situationen im Straßenverkehr geben, in denen du noch unsicher bist. Dann steig vom Rad und geh ein Stück auf dem Fußweg.

**Fahrradtraining** Wie du im Straßenverkehr sicher mit dem Fahrrad fährst, lernst du in der Schule. Am Ende des Trainings kannst du zeigen, was du kannst, und du bekommst ein Blatt Papier, auf dem steht, dass du ein Fahrradtraining gemacht hast.

**Haltstein** Der Haltstein grenzt den Fußweg vom Fahrstreifen ab. Wenn du eine Straße überqueren möchtest, bleib zuerst vor dem Haltstein stehen und prüfe genau, ob sie frei ist. Dafür schaust du nach links, rechts und wieder nach links.

**Kraftfahrzeug** Ein Fahrzeug mit einem Motor, also zum Beispiel alle Autos und Lkw

**Rechts vor links** So heißt eine wichtige Regel im Straßenverkehr. Sie gilt an jeder Kreuzung, an der kein Vorfahrtsschild regelt, wer zuerst fahren darf. In diesem Fall hat derjenige Vorfahrt, der von rechts kommt.

**Straßenverkehrsordnung** In der Straßenverkehrsordnung stehen alle Regeln für den Straßenverkehr.

# Pixi Wissen Quiz

**1. Die Sirene eines Polizeiwagens (Martinshorn) ist zu hören. Was bedeutet das für alle Verkehrsteilnehmer?**

a) Bahn frei für die Polizei (Höchste Eile ist geboten, alle müssen sofort den Weg frei machen).
b) Wir sind laut, bis uns einer umhaut (Versucht doch uns zu stoppen, wenn ihr euch traut).
c) Kommt mit, das wird ein Hit (Etwas Spannendes ist passiert, folgt uns).

**2. Wie lautet die wichtigste Grundregel für alle im Straßenverkehr?**

a) Sei im Straßenverkehr vorsichtig und nimm Rücksicht auf die anderen.
b) Wer zuerst kommt, mahlt zuerst.
c) Wer nicht wagt, der nicht gewinnt.

**3. Warum solltest du nie vor oder hinter einem haltenden Bus über die Straße gehen?**

a) Weil Autos, die am Bus vorbeifahren, dich vor dem Bus nicht sehen können
b) Weil haltende Busse Kinder fressen
c) Weil du dafür vorher einen Sturzhelm aufsetzen musst

**4. Du fährst mit einem Freund auf dem Radweg. Ihr fahrt ...**

a) nebeneinander, damit ihr besser schwatzen könnt.
b) hintereinander, damit ihr nicht zusammenstoßt und andere Radfahrer behindert.
c) in Schlangenlinien, weil das Spaß macht.

**5. Du fährst mit dem Rad auf eine Kreuzung zu, weißt aber nicht genau, wie du sie sicher überquerst. Was tust du?**

a) Du hältst an, schiebst dein Rad auf den Gehweg und überquerst die Kreuzung wie ein Fußgänger.
b) Du rast mit geschlossenen Augen über die Straße.
c) Du schreist so laut wie möglich um Hilfe.

**6. Warum musst du besonders vorsichtig fahren, wenn Zufahrten über den Radweg auf die Straße führen?**

a) Damit ich sofort bremsen kann, wenn ein Auto aus einer Zufahrt fährt
b) Gute Frage!
c) Keine Ahnung

# Pixi Wissen präsentiert

Bd. 1
Pferde und Ponys
ISBN 978-3-551-24051-4

Bd. 2
Piraten
ISBN 978-3-551-24052-1

Bd. 10
Planeten und Sterne
ISBN 978-3-551-24060-6

Bd. 11
Das Meer
ISBN 978-3-551-24061-3

Bd. 13
Ritter
ISBN 978-3-551-24061-3

Bd. 17
Tiere in Garten und Wald
ISBN 978-3-551-24067-5

Bd. 21
Dinosaurier
ISBN 978-3-551-24071-2

Bd. 23
Fußball
ISBN 978-3-551-24073-6

Bd. 24
Streiten und Vertragen
ISBN 978-3-551-24074-3

Bd. 33
Strand und Watt
ISBN 978-3-551-24083-5

Bd. 35
Toleranz und Respekt
ISBN 978-3-551-224085-9

Bd. 67
Papierflieger
ISBN 978-3-551-24117-7

Bd. 69
Tiere im Wasser
ISBN 978-3-551-24119-1

Bd. 71
Energie und Strom
ISBN 978-3-551-24121-4

Bd. 74 Dinosaurier
und Urzeittiere
ISBN 978-3-551-24124-5

Bd. 77
Politik und Demokratie
ISBN 978-3-551-24127-6

Bd. 78
Burgen
ISBN 978-3-551-24128-3

Bd. 79
Unsere Pflanzen
ISBN 978-3-551-24129-0